VENTE

Par suite de Départ

BELLE COLLECTION

OBJETS D'ART

RICHE MOBILIER

DIAMANTS, ARGENTERIE

Tapisseries, Tableaux

Me ESCRIBE
COMMISSAIRE-PRISEUR
Rue de Hanovre, 6

M. BLOCHE
EXPERT
Boulevard Montmartre, 19

PARIS — 1880

Vve RENOU, MAULDE et COCK
IMPRIMEURS DE LA COMPAGNIE DES COMMISSAIRES-PRISEURS
Rue de Rivoli, 144

CATALOGUE

D'une belle Collection

D'OBJETS D'ART

Anciennes Porcelaines de Saxe, de la Chine
du Japon et autres
Ivoires, Cristaux de roche, Verrerie, Objets de vitrine

BELLE ARGENTERIE ANCIENNE — BIJOUX — DIAMANTS

TRÈS-BEAU MOBILIER ARTISTIQUE

DES XVIIe ET XVIIIe SIÈCLES

MARBRES, BRONZES

TAPISSERIES

DES GOBELINS, DE BEAUVAIS, D'AUBUSSON ET DES FLANDRES

TABLEAUX ANCIENS ET MODERNES

DONT LA VENTE AURA LIEU

POUR CAUSE DE DÉPART

HOTEL DROUOT, SALLE N° 8

Les Jeudi 26, Vendredi 27 et Samedi 28 Février 1880

A DEUX HEURES PRÉCISES

Et le Jeudi 26 Février, à 8 heures du soir

Mᵉ ESCRIBE	M. BLOCHE
COMMISSre-PRISEUR	EXPERT
Rue de Hanovre, 6	Boulevard Montmartre, 19

CHEZ LESQUELS SE DISTRIBUE LE PRÉSENT CATALOGUE.

EXPOSITION PUBLIQUE

Le Mercredi 25 Février 1880, de 1 heure 1/2 à 5 heures 1/2.

PARIS — 1880

CONDITIONS DE LA VENTE

Elle sera faite au comptant.

Les Acquéreurs paieront CINQ POUR CENT en sus du prix d'adjudication.

L'Exposition mettant le Public à même de se rendre compte de la nature des Objets, il ne sera admis aucune réclamation une fois l'adjucation prononcée.

ORDRE DES VACATIONS

Le Jeudi 26 Février. à deux heures

Bijoux anciens et modernes, Objets de vitrine, Argenterie. Ivoires, Cristaux de roche.

Le Même jour, à huit heures du soir

Continuation.

Le Vendredi 27 Février, à deux heures

Porcelaines de Saxe, de la Chine et autres; Faïences, Verrerie, Bronzes.

Le Samedi 28 Février, à deux heures

Tableaux, Bronzes, Marbres, Mobilier, Tapisseries.

DÉSIGNATION

BIJOUX, DIAMANTS

OBJETS DE VITRINE

1 — Deux gros Brillants, forme pendeloques, surmontés d'un brillant.

2 — Paire de beaux Boutons d'oreilles, brillants solitaires (forment les hauts des pendeloques précédentes).

3 — Beau Bracelet en or mat enrichi d'un gros brillant.

4 — Bague formée d'un gros brillant solitaire.

5 — Paire de beaux Boutons d'oreilles, composés d'un brillant et d'un entourage de brillants.

6 — Jolie Bague formée d'un gros rubis cabochon, forme ronde, entouré de brillants.

7 — Jolie Bague formée d'une perle blanche entourée de brillants.

8 — Paire de Boutons d'oreilles, formés de rubis entourés de brillants.

9 — Bague, forme trèfle, en rubis et brillants, pierres de forme pendeloques.

10 — Autre Bague, de même forme, composée de brillants de fantaisie.

11 — Beau Bijou-Pendentif, formant broche en brillants.

12 — Beau Diadème composé de cinq œillets en brillants, pouvant servir chacun de broche ou d'épingle de coiffure.

13 — Beau Bracelet composé d'un œil-de-chat entouré de brillants.

14 — Bague, œil de chat et deux brillants.

15 — Bague composée d'un gros rubis cabochon ovale entouré de roses.

16 — Bague composée d'un rubis et six brillants.

17 — Bague marquise en turquoises, perles et roses.

18 — Lézard en brillants, formant broche.

19 — Parure en or, turquoises et roses.

20 — Broche en or, enrichie de corail et de brillants.

21 — Bague en or, enrichie de trois brillants.

22 — Paire de Pendants d'oreilles en turquoises.

23 — Grand Médaillon en or, enrichi de perles grises et de roses.

24 — Parure en or avec inscriptions russes émaillées bleu.

25 — Jolie Montre microscopique en or, enrichie de roses.

27 — Bague marquise composée de dix-neuf brillants.

28 — Bague composée d'un saphir et de huit brillants.

29 — Bague composée d'une émeraude et de huit brillants.

30 — Bague, perle entourée de brillants.

31 — Bague Duchesse en saphirs, émeraudes, brillants et roses.

32 — Bague en or, enrichie de six brillants.

33 — Jolie Montre en or émaillé, entourage en perles, époque Louis XVI.

34 — Jolie Flèche en brillants.

35 — Grosse Bague en roses, époque Louis XVI.

36 — Paire de Boutons d'oreilles en roses, époque Louis XVI.

37 — Deux Cadenas en or, camées et roses.

38 — Deux Appliques de bracelet en or Louis XVI.

39 — Jolie Broche tout en roses de l'époque Louis XV.

40 — Paire de jolis Pendants d'oreilles tout en roses, époque Louis XV.

41 — Joli petit Flacon, forme de vase en or, enrichi de roses, époque Louis XVI.

42 — Joli Étui en agate monté en or de l'époque Louis XV.

43 — Paire de Pendants d'oreilles en roses, époque Louis XV.

44 — Joli Nécessaire de dame en vernis de Martin, fond vert avec ses ustensiles et sa monture en or, orné de chaque côté d'un émail peint en grisaille sur fond lilas, et représentant des Amours. Au moyen d'un ressort un des médaillons s'ouvre pour cacher un portrait.

45 — Nécessaire en galuchat contenant deux étuis en porcelaine de Saxe et autres accessoires montés en vermeil.

46 — Étui en fer damasquiné d'or.

47 — Triptyque en ivoire décoré de scènes allégoriques à un mariage princier.

48 — Montre en or, époque Louis XVI, avec émail peint, portrait de femme, entourages en jargons.

49 — Bague en émeraudes et roses.

50 — Très-belle Garniture de quarante-neuf boutons en strass montés en vermeil, époque Louis XVI.

51 — Garniture de vingt-quatre grands boutons et seize petits en strass, époque Louis XVI.

52 — Service de chasse, six Fourchettes et six Couteaux en corne, avec Appliques en argent, époque Louis XVI.

53 — Belle Garniture de vingt-quatre grands boutons et douze petits en strass, monture en argent et émail bleu moucheté d'or, époque Louis XVI.

54 — Douze Boutons modèle à bandes de strass et vermeil, époque Louis XVI.

55 — Quatorze beaux Boutons en nacre rouge entourés de demi-perles, Louis XVI.

56 — Éventail de l'époque Louis XVI.

57 — Tabatière de Saxe.

58 — Petit Flacon de Saxe (Renard et Corbeau).

59 — Poire à poudre en ivoire avec sujets de chasse.

60 — Bandeau en argent et émail bleu, orné de cailloux du Rhin.

61 — Aigrette en cailloux du Rhin.

62 — Flacon de Saxe reposant sur quatre pieds, à ornements et fleurs, monté en or.

63 — Jolie Corne sculptée à sujet de chasse.

64 — Pomme de canne en or repercé et ciselé, de l'époque Louis XV.

65 — Coffret en ivoire décoré de cinq médaillons, sujets mythologiques.

66 — Très-jolie Montre émaillée en plein, offrant sur le boîtier et dessous des sujets mythologiques, au pourtour et à l'intérieur des paysages animés de figures, signée autour du cadran *S C Beltiens P A Ruremonde*, époque Louis XIV.

67 — Belle Boîte rectangulaire en émail de Saxe, décorée de scènes mythologiques, montée à charnières, époque Louis XV.

68 — Joli petit Nécessaire de dame en émail de Saxe fond blanc avec médaillons à paysages et figures, époque Louis XV.

69 — Petit Flacon en ancienne porcelaine de Chelsea (Allégorie du Printemps), époque Louis XV.

70 — Petite Boite à fard en cristal de roche, monture en argent doré et gravé.

71 — Boîte ovale en écaille incrustée, époque Louis XV.

72 — Boîte rectangulaire en ancien émail de Saxe, fond rose et or, médaillons à sujets.

73 — Boite rectangulaire en émail de Saxe, décorée de scènes champêtres.

74 — Petit Flacon en émail de Saxe, décoré de paysages et de rocailles, époque Louis XV.

75 — Petit Flacon en émail de Saxe fond bleu, médaillons à figures, époque Louis XV.

76 — Étui en ancienne porcelaine d'Allemagne; décor à figures allégoriques.

77 — Pipe en ancienne porcelaine de Saxe formée d'un masque d'homme.

78 — Pomme de canne en ancienne porcelaine de Saxe; décor à figures.

79 — Deux petites Coupes en porcelaine de Saxe, décorées de fleurs en relief.

80 — Boîte de forme cylindrique en écaille incrustée d'or, époque Louis XV.

81 — Tabatière en nacre incrustée d'argent, époque Louis XVI.

82 — Petit Flacon de Saxe décoré de têtes d'hommes et de femmes sur fond vert.

83 — Bel Éventail en vernis de Martin décoré d'un côté de scènes mythologiques, et de l'autre de scènes champêtres, époque Louis XV.

84 — Étui porte-flacon en nacre incrustée d'argent, époque Louis XVI.

85 — Petite Poudrière en corne sculptée, époque Louis XIV.

86 — Dessus de Boîte en ancienne porcelaine de Saxe : décor à figures des deux côtés.

87 — Dessus de Boîte en ancienne porcelaine de Saxe : décor grisaille, sujet Watteau.

88 — Boîte oblongue en écaille incrustée d'argent et de bronze ; décor à figures, scène de buveurs, époque Louis XV.

89 — Joli Pendentif, forme petit chien tout en perles et or émaillé.

90 — Petite Poudrière en bois sculpté, représentant au pourtour la *Nativité* (XVIIe siècle).

91 — Bas-Relief sur nacre (Diane et ses nymphes surprises par Actéon), époque Louis XV.

92 — Bas-Relief sur nacre (le Sacrifice d'Abraham), époque Louis XV.

93 — Bas-Relief sur nacre représentant Backhuysen dans son atelier (XVIIIe siècle).

94 — Boîte oblongue en bois sculpté représentant des scènes champêtres.

95 — Boîte ovale montée en argent gravé dessus et dessous en cuivre gravé à figures (XVIIe siècle).

96 — Boîte ronde en écaille, dessus en mosaïque, époque Louis XVI.

97 — Boîte en nacre et écaille, époque Louis XV.

98 — Petit Jeu de dominos en nacre, époque Louis XVI.

99 — Carnet de bal en nacre incrustée d'argent, époque Louis XVI.

100 — Petit Nécessaire en nacre, monture en argent, époque Louis XVI.

101 — Petite Chimère en jade vert. Travail chinois.

102 — Dessus de Boîte en ancienne porcelaine de Saxe, décoré d'un côté de scènes d'après Watteau et l'autre d'une Flore.

103 — Nécessaire en cuivre repoussé et doré, époque Louis XV.

104 — Petit Verre avec couvercle en agate, monture en argent, époque Louis XIII.

105 — Petite Dague avec pommeau, forme d'une tête de mort, garde formée d'ossements (XVIIe siècle).

106 — Deux Bas-Reliefs sur nacre, portraits historiques du temps de Louis XIV, cadres en cuivre de l'époque.

107 — Montre à double boîtier en argent repoussé, époque Louis XV.

108 — Deux petites Cassolettes en argent, époque Louis XV.

30

109 — Boîte à deux compartiments en argent gravé, époque Louis XVI.

110 — Jolie petite Boîte en filigrane d'argent avec dessus en émail peint à fleurs du temps de Louis XIII.

111 — Nécessaire de dame en argent repoussé et cailloux d'Égypte, époque Louis XV.

112 — Petite Boîte en argent renfermant six petits couteaux, époque Louis XV.

112 *bis* — Joli Pommeau d'épée en fer ciselé (XVIe siècle).

ARGENTERIE

113 — Très-beau Gobelet avec couvercle en argent repoussé et doré, offrant au pourtour des combats d'animaux, des médaillons à dauphins, des têtes de chérubins et des rinceaux. En saillie, autour du pied, se détachent des cariatides chimériques et des mascarons. Le pied est décoré de masques et de fruits; le couvercle de médaillons : Allégorie des Saisons (XVIIe siècle).

114 — Gobelet avec couvercle en argent repoussé et doré, offrant au pourtour des figures de grotesques, des animaux et des rinceaux; le pied est orné de figures de guerriers, de singes et d'animaux fantastiques (XVIIe siècle).

115 — Joli Vidrecome en argent repoussé, offrant au pourtour *la Danse villageoise*, sur le couvercle un écusson et des grappes de raisin (XVIIe siècle).

116 — Etui en argent renfermant six couteaux et offrant en repoussé des arabesques, des oiseaux et des fruits (XVIe siècle).

117 — Corbeille en argent avec guirlandes et fleurs, époque Louis XV.

118 — Grande Boite en argent avec dessus en nacre, offrant en bas-relief une Kermesse (XVIIe siècle).

119 — Boite en argent repoussé avec figure de cavalier sur le couvercle et fleurs au pourtour (XVIIe siècle).

120 — Cuiller en argent, époque Louis XIII.

121 — Deux beaux Bas-Reliefs en argent repoussé représentant l'un *la Nativité* et l'autre *l'Adoration des Rois mages* (XVIIe siècle).

122 — Deux beaux Bas-Reliefs en argent repoussé, représentant l'un *l'Annonciation* et l'autre *la Vierge et sainte Madeleine pleurant la mort du Christ* (XVIIe siècle).

123 — Bas-relief en argent repoussé, *Saint Paul prêchant le Christianisme*, encadrement à rocailles, époque Louis XV.

124 — Haut-Relief en argent représentant *l'Assomption* (XVIIe siècle).

125 — Bas-Relief en argent, représentant une Reine implorant la clémence d'un Roi (XVIe siècle).

126 — Haut-Relief en argent repoussé, représentant des Enfants chargeant un Chien de fruits. Travail de *Vianen* (XVIIIe siècle).

127 — Bas-Relief en argent repoussé, représentant deux Paysans au repos, époque Louis XIV.

128 — Haut-Relief en argent repoussé, représentant une Population fuyant une ville assiégée (XVIIe siècle).

129 — Haut-Relief en argent repoussé, représentant des Pastorales (XVIIe siècle).

130 — Bas-Relief en argent repoussé, représentant *Noé enivré* (XVIIe siècle).

131 — Petite Cassolette en argent repoussé, forme monument, avec figurines aux angles, époque Louis XV.

132 — Pipe en argent repoussé, formée d'un guerrier et d'un dauphin.

133 — Bas-Relief en argent, repoussé représentant *la Vierge, l'Enfant Jésus, Saint Jean et les Amours* (XVIIe siècle).

134 — Bas-Relief en argent repoussé, sujet champêtre.

135 — Bas-Relief en argent repoussé, représentant *la Sortie d'Égypte* (XVIIe siècle).

136 — Bas-Relief en argent repoussé, sujet allégorique (XVIIe siècle).

137 — Bas-Relief en argent repoussé, *le Christ conduit au supplice* (XVIIe siècle).

138 — Bas-Relief en argent repoussé, buste d'homme du XVIe siècle.

139 — Dessus de Boîte en argent repoussé, représentant *Mars et Vénus,* époque Louis XV.

140 — Petite Coupe en argent niellé (XVIIe siècle).

141 — Sucrier à anses plates et ciselées offrant au pourtour en repoussé des médaillons à animaux et enroulements, époque Louis XIII.

142 — Corbeille en argent repoussé et repercée, représentant au centre un Enfant jouant avec une colombe et autour des oiseaux et des fleurs.

143 — Plat en cuivre repoussé et argenté, époque Louis XIII.

144 — Neuf jolis petits Carrosses de différentes formes, époques Louis XIV et Louis XV (Seront vendus separément).

145 — Joli petit Coffret en argent repercé à fleurs et oiseaux (XVIIe siècle).

146 — Carrousel miniature en argent, époque Louis XV.

147 — Boîte ovale en argent fondu et ciselé, décorée de scènes galantes et de sujets d'après Téniers, époque Louis XIII.

148 — Quatre petites Pièces miniatures, bouilloire, fontaine, théière et cafetière en argent époque Louis XV.

149 — Petite Coupe en argent repoussé, époque Louis XIII.

150 — Aiguière mignonnette avec Plateau en argent, époque Louis XIV.

151 — Deux petits Lustres en argent, époque Louis XIV.

152 — Petit Panier en filigrane d'argent, époque Louis XV.

153 — Petit Déjeuner complet avec Table en argent, époque Louis XIV.

154 — Sept Pièces mignonnettes, coffret, panier et cassolettes en filigrane d'argent.

155 — Quatre petites Chaises en argent.

156 — Fontaine miniature en argent, époque Louis XIV.

157 — Trente et une Pièces mignonnettes, groupes et figurines en argent, époque Louis XV.

158 — Poisson en argent formant étui de nécessaire, époque Louis XIV.

159 — Très-jolie petite Aiguière avec Plateau en argent repoussé et ciselé, offrant au pourtour des combats de chevaliers et des rocailles (XVIIe siècle).

160 — Petite Psyché en filigrane d'argent, époque Louis XIII.

161 — Huit petites Pièces, bercelonnettes, paniers, coupes en argent filigrané et tressé, époque Louis XV.

162 — Petit Jeu de dames en argent, époque Louis XIV.

163 — Trente-deux petites Pièces, ustensiles de ménage en argent, époque Louis XIV (Sera divisé).

164 — Petite Cuillère à sucre en argent repoussé, époque Louis XIII.

165 — Petit Bas-Relief rectangulaire en argent représensentant la Bénédiction paternelle (XVIIe siècle).

166 — Bas-Relief, forme ronde, en argent, représentant des Déesses visées par l'Amour, époque Louis XIV.

167 — Belle Cafetière en argent de l'époque Louis XV.

168 — Petite Cafetière en argent repoussé de l'époque Louis XIV.

169 — Petit Plateau en argent élevé sur pieds, époque Louis XVI.

170 — Beau Sucrier élevé sur pieds, à cariatides de béliers, en argent, et offrant au pourtour des Amours et des guirlandes. Travail français, style Louis XVI.

171 — Deux jolis Bouts-de-Table en argent supportés par des cariatides de béliers et ralliés par des pyramides à jour. Travail français, style Louis XVI.

172 — Quatre Salières en argent, même modèle et même travail.

173 — Sucrier en argent à côtes, à deux anses, offrant sur le couvercle un Amour à cheval sur un dauphin. Travail français.

174 — Jolie petite Cafetière en argent repoussé, décorée d'ornements et de quadrillés. Travail français.

175 — Quatre Salières en argent, représentant des amours et des guirlandes, style Louis XVI.

176 — Quatre autres Salières représentant des Amours tenant des guirlandes de fleurs, style Louis XVI.

177 — Ecuelle en argent repoussé et décorée d'arabesques, époque Louis XIV.

178 — Deux petites Tasses en argent. Travail ancien.

179 — Vidrecome en argent émaillé, dessin croisé.

180 — Deux Bouteilles en argent gravé. Travail dans le style vénitien.

181 — Coffret en argent gravé, style du XVIIe siècle.

182 — Sucrier à charnière en argent repoussé, époque Louis XV.

SCULPTURES

183 — Très-beau Gobelet en ivoire sculpté, offrant au pourtour en bas-relief *l'Enlèvement de Déjanire* et *l'Enlèvement des Sabines* (XVIIe siècle); monture en argent de l'époque Louis XVI.

184 — Joli Gobelet en ivoire, offrant en bas-relief au pourtour *une Bacchanale* et sur le couvercle *Bacchus triomphant campé sur son tonneau* (XVIIe siècle); monture en argent de l'époque Louis XVI.

185 — Beau Gobelet en noix de coco sculpté, offrant des médaillons allégoriques à la vie des chevaliers; monture en argent finement ciselé avec inscription autour du col (XVIe siècle).

186 — Grande et belle Figurine en ivoire sculpté avec draperies en bois (XVIIe siècle).

187 — Deux Figurines grotesques en ivoire (XVIIe siècle).

188 — Jolie Figurine d'enfant en ivoire. Œuvre attribuée à *Vinkenbrink*.

189 — Figurine de pêcheur en ivoire sculpté posée sur un rocher en minerai (XVIIe siècle).

190 — Petit Groupe en bois sculpté représentant *un Saint et l'Enfant*.

191 — Joli Haut-Relief sur ivoire, représentant un buste de Vieillard souriant (XVIIe siècle).

192 — Buste de Chasseresse vue de profil, sculpture sur ivoire, applique sur fond de velours avec cadre en bois sculpté et doré (XVIIe siècle).

193 — Quatre petites Figurines en ivoire posées sur rochers en minerai, époque Louis XIV.

194 — Bas-Relief sur ivoire représentant trois Musiciens; autour d'un arbre se détache une banderolle avec inscription « Vive les Gueux » (XVIIe siècle).

195 — Bas-Relief sur ivoire représentant la Délivrance de Persée, époque Louis XIV.

196 — Bas-Relief sur ivoire représentant une scène galante indiquée par un satyre.

197 — Sculpture en bas-relief sur ivoire, représentant *Léda* (XVIIᵉ siècle).

198 — Sculpture en bas-relief sur coquille de nacre, représentant *Esaü vendant son droit d'aînesse*.

199 — Petit Gobelet en coco gravé, monté en argent, accompagné de sa cuillère, époque Louis XIII.

200 — Boîte en bois sculpté forme de chimère (XVIIᵉ siècle).

201 — Tasse avec plateau en nacre piquée (XVIIᵉ siècle).

202 — Bouteille en pierre de lard avec fleurs sculptées en bas-relief.

203 — Groupe en bois sculpté représentant Dagobert et saint Eloi (XVIᵉ siècle).

CRISTAUX DE ROCHE

204 — Jolie Coupe, forme coquille, avec rinceaux gravés, époque Louis XIV.

205 — Beau Vase en cristal de roche, forme lobée, avec anses à ornements et rinceaux gravés (XVIIᵉ siècle).

206 — Coupe en cristal de roche, forme lobée, monture à feuilles d'acanthe (XVIIᵉ siècle).

207 — Coupe avec pieds à pans coupés en cristal de roche, monture en argent et pierreries (xvIIe siècle).

208 — Gobelet en cristal de roche avec couvercle taillé à facettes et monture en argent doré (xvIIe siècle).

209 — Coupe en cristal de roche, monture en cuivre, époque Louis XIII.

210 — Paire de Flambeaux en cristal de roche, montés en argent (xvIIe siècle).

211 — Grand Candélabre de milieu à quatre branches en marbre blanc, bronze doré et cristaux de roche, époque Louis XVI.

PORCELAINES

212 — Très-beau Groupe en ancienne porcelaine de Saxe composé de quatre figures : *le Don du cœur*.

213 — Joli Groupe en ancienne porcelaine de Saxe composé de quatre figures allégorie des Fiançailles.

214 — Joli Groupe en ancienne porcelaine de Saxe représentant les *Amours jardiniers*.

215 — Groupe de deux figures : allégorie de *l'Automne*, en ancienne porcelaine de Chelsea.

216 — Deux Groupes de deux figures (petits Musiciens) en ancienne porcelaine de Chelsea.

217 — Groupe en ancienne porcelaine de Saxe (*le Chasseur galant*).

218 — Joli Groupe en ancienne porcelaine de Kronenburg, représentant *les quatre Saisons sous un bosquet*.

219 — Deux Groupes en ancienne porcelaine de Saxe, allégorie de *l'Abondance* et de la *Perfidie*.

220 — Figurine en ancienne porcelaine de Chelsea (le Jardinier).

221 — Groupe en ancienne porcelaine de Chelsea (petit Paysan jouant avec un chien et un chat).

222 — Deux jolies Figurines en ancienne porcelaine de Saxe (Jardinier et Jardinière).

223 — Deux petits Groupes en ancienne porcelaine de Chelsea (*Dresseurs de chiens*).

224 — Deux Figurines en ancienne porcelaine de Chelsea (Marchande de pommes et Joueur de flûte).

225 — Figurine en ancienne porcelaine de Saxe (Joueuse de triangle).

226 — Figurine en ancienne porcelaine de Kronenburg, allégorie de l'Été.

227 — Figurine (Jardinière) en ancienne porcelaine de Saxe.

228 — Deux Figurines en ancienne porcelaine de Saxe (*les Vendangeurs*).

229 — **Figurine en ancienne porcelaine de Kronenburg** (*Vénus au Dauphin*).

230 — **Deux jolis petits Groupes (Chinois présentant des vasques) en ancienne porcelaine de Frankenthal.**

231 — **Groupe en ancienne porcelaine de Vienne (allégorie de l'Été).**

232 — **Jolie Garniture de cinq pièces en ancienne porcelaine de Frankenthal, décorées de rocailles et de marines en camaïeu violet.**

233 — **Groupe en ancien blanc de Saxe, allégorie de la** *Musique*.

234 — **Une écuelle en ancienne porcelaine de La Haye, décorée de scènes champêtres.**

235 — **Jolie Garniture de cinq pièces en ancienne porcelaine du Japon ; décor en bleu, rouge et or.**

236 — **Deux Bols avec présentoirs en ancienne porcelaine du Japon ; riche décor en bleu, rouge et or.**

237 — **Huit jolis Bols avec Soucoupes en ancienne porcelaine de Chine ; décor à fleurs sur fond à feuillages.**

238 — **Deux Tasses à couvercles, avec Soucoupes en ancienne porcelaine de Saxe, fond gros bleu à rehauts d'or et médaillon de paysage, avec une cuillère.**

239 — Belle Fontaine en ancienne porcelaine du Japon, supportée par trois figurines d'enfants ; riche décor oiseaux et fleurs en polychrome, monture en argent, avec robinet en forme de dauphin.

240 — Belle Potiche avec couvercle en ancienne porcelaine du Japon, décorée sur la panse de médaillons à chimères, autour du col de dragons dans les nuages.

241 — Bol avec couvercle en ancienne porcelaine du Japon ; décor à fleurs, oiseaux et quadrupèdes en polychrome.

242 — Deux Jardinières avec plateau en ancienne porcelaine de Chine, famille des Indes ; décor à personnages.

243 — Six Tasses hautes et six Soucoupes en ancienne porcelaine du Japon ; riche décor oiseaux et fleurs en bleu, rouge et or.

244 — Six Tasses avec soucoupes en ancienne porcelaine du Japon ; décor en bleu, rouge et or.

245 — Six Théières en ancienne porcelaine de Chine et du Japon ; décors variés.

246 — Boîte à thé et plusieurs petites Tasses en ancienne porcelaine de Chine et du Japon.

247 — Théière en ancienne porcelaine de Chine, forme panier ; décor en jaune et vert.

248 — Deux Figurines (Vieillards) en faïence d'Allemagne.

249 — Pendule en bronze doré, ornée d'une statuette et d'animaux en porcelaine de Saxe, époque Louis XV.

250 — Deux petits Candélabres à deux lumières en bronze doré, ornées de figurines et de fleurs en porcelaine de Saxe, époque Louis XV.

251 — Grand Vase forme à pans en ancienne porcelaine de la Chine ; décor de la famille verte.

252 — Potiche en ancienne porcelaine de la Chine, famille verte, décorée de personnages.

253 — Potiche en ancienne porcelaine de la Chine, famille verte ; décor à figures.

254 — Deux petites Potiches en ancienne porcelaine de la Chine, de la famille verte.

255 — Jolie Coupe supportée par un groupe d'enfants en ancienne porcelaine de Saxe.

256 — Groupe en ancienne porcelaine de Mayence. *Le Marchand d'images.*

257 — Joli Groupe en ancienne porcelaine de Frankenthal, quatre enfants dans des rinceaux.

258 — Grande Potiche en ancienne porcelaine du Japon; décorée d'ornements en bleu.

259 — Statuette en ancienne porcelaine de Frankenthal, monture en bronze, style Louis XV.

260 — Autre Figurine en ancienne porcelaine de Frankenthal, monture en bronze, style Louis XV.

261 — Jardinière en vieux Japon; décor polychrome, monture en bronze doré.

262 — Vase en ancienne porcelaine de la Chine, fond d'or à figures, monture en bronze, style Louis XVI.

263 — Encrier en laque et ancienne porcelaine de la Chine, époque Louis XV.

264 — Jolie Garniture de cheminée, Pendule et Flambeaux forme bosquets en bronze, avec figurines et fleurs en ancienne porcelaine de Saxe.

265 — Groupe de quatre figures en porcelaine de Saxe.

266 — Joli Groupe, les cinq sens en ancienne porcelaine de Saxe.

267 — Service en ancienne porcelaine de Vienne; décor fond bois et médaillons en grisaille, composé de six Tasses et quatre grandes pièces.

268 — Deux Figurines en porcelaine de Charles Théodore : Dagobert et saint Eloi.

269 — Chope en porcelaine de Vorchester; décor fond bleu et médaillons.

270 — Vase en ancienne porcelaine de Charles Théodore; décor à fleurs.

271 — Service en ancienne porcelaine de Saxe, composé de six Tasses et trois grandes pièces, fond jaune à fleurs.

272 — Groupe en ancienne porcelaine de Charles Théodore : Ane et Tigre.

273 — Pot à crème en émail de Limoges, fond blanc à fleurs et rehauts d'or, époque Louis XV.

274 — Petit Pot à crème de Sèvres.

275 — Beau Service en ancienne porcelaine de l'Inde; décor armoiries au centre, bordure à petits bustes et ornements réhaussés d'or; composé d'environ cinquante-cinq pièces.

276 — Paire de Vases en porcelaine de la Chine.

277 — Deux Vide-Poches en porcelaine d'Allemagne, formés de figurines couchées.

278 — Deux Corbeilles en porcelaine d'Amstel; décor à jour.

279 — Deux Plats en porcelaine ancienne de Saxe à fleurs.

280 — Deux Ecuelles en porcelaine de la Chine : décor à figures en bleu.

281 — Deux Compotiers de Frankenthal à fleurs.

282 — Cafetière de Mayence à fleurs.

283 — Service de Saxe; décor amours et rubans, composé de seize Tasses, dix-sept Soucoupes, Beurrier, Bol, Sucrier, Théière, Boîte à thé et Pot à crème.

284 — Quatre Plats de Kanga; décor à rehauts d'or.

285 — Paire de Vases en faïence chinoise; décorés de personnages en relief.

286 — Deux belles Potiches de Satzuma; décor à figures.

287 — Baril en Satzuma, avec perroquet sur le couvercle.

288 — Brûle-Parfums de Satzuma; riche décor à figures.

289 — Paire de grands Vases en porcelaine de la Chine, fond jaune impérial, avec arabesques et fleurs en vert.

290 — Vase rouleau fond noir; décor à fleurs de pêcher et feuillages en couleur, style chinois.

291 — Paire de Vases en porcelaine de la Chine; décor paysage.

292 — Paire de Vases en porcelaine de Tournai, fond gros bleu et scènes enfantines, montures en bronze doré, style Louis XVI.

293 — Glace avec encadrement en porcelaine de Saxe et figures d'amours au fronton.

294 — Deux petits Groupes, figures d'Enfants, en porcelaine de Saxe.

295 — Deux Figurines en porcelaine de Saxe, représentant des poupards.

296 — Petit Groupe en porcelaine de Saxe, le Repasseur de couteaux.

297 — Deux petites Figurines enfants en porcelaine de Saxe.

298 — Deux Chiens en porcelaine de Saxe.

299 — Tasse avec Soucoupe en porcelaine de Saxe, fond bleu à écailles de poissons.

300 — Deux Pots à crème en porcelaine de Saxe; décor à figures et paysage.

301 — Sept petits Bols en porcelaine de la Chine et du Japon.

302 — Vase en ancienne porcelaine de la Chine; décor à figures.

303 — Potiche forme à pans avec couvercle en porcelaine du Japon; décor bleu.

304 — Deux Plats en ancienne porcelaine du Japon; décor en bleu, rouge et or.

305 — Deux Compotiers en porcelaine du Japon; décor à fleurs en bleu, rouge et or.

306 — Grand Plat; décor oiseaux et fleurs dans le style de la famille verte.

307 — Compotier en ancienne porcelaine de la Chine; famille verte; décor à figures.

308 — Plat en porcelaine de la Chine; décor à fleurs en rouge et or.

309 — Cinq Plats; décor à figures et fleurs dans le style chinois.

310 — Deux petites Assiettes en porcelaine de la Chine; fond noir; décor à fleurs et rouleaux.

FAIENCES

311 — Deux Aiguières en faïence d'Urbino; décor à armoiries, amours et rinceaux (XVIe siècle).

312 — Deux Aiguières en faïence de Castel-Durante, décorées d'ornements et de fruits (XVIe siècle).

313 — Aiguière en faïence de Castel-Durante; décor à ornements, attributs sur fond bleu.

314 — Vase de Faenza, fond bleu, barbot avec armoiries relevées de jaune.

315 — Deux Cornets en faïence de Castel-Durante, fond bleu avec médaillons à figures, encadrements à fleurs.

316 — Deux Bouteilles en faïence de Nevers; décor à fleurs et oiseaux en bleu et jaune.

317 — Deux Compotiers en faïence de Rouen décorés d'oiseaux et de sujets mythologiques en polychrome.

318 — Deux Compotiers en faïence de Milan; décor à fleurs en polychrome.

319 — Plat creux en terre vernissée, fond brun, représentant au centre la Création et sur les bords une suite de rinceaux et d'ornements; décor en relief attribué au XVe siècle. Fabrique italienne.

320 — Coupe sur piédouche en faïence de la Frata; décor à personnages en bleu sur blanc.

321 — Deux Plats en faïence de Perse; décor à fleurs et palmes.

322 — Plat en faïence de Delft; décor à figures de chinois en polychrome.

323 — Deux grands Plats en faïence décorés des bustes de la Vierge et du Christ; cadres en bois sculpté.

324 — Deux petits Plats en faïence de Milan; décor à fleurs.

325 — Plat en faïence d'Urbino; décor à la Raphaël avec blason au centre.

VERRERIES

326 — Joli Gobelet avec couvercle en verre de Bohême gravé, offrant des arbres généalogiques avec écussons sur les branches (XVIIIe siècle).

327 — Grand et beau Verre de Bohême gravé représentant des Scènes pastorales, couvercle à godron, époque Louis XV.

328 — Grand Verre de Bohême gravé représentant des Groupes d'oiseaux, époque Louis XVI.

329 — Grand Verre de Bohême gravé représentant une Allégorie de la Nativité, époque Louis XVI.

330 — Petit Verre de Venise offrant des Tulipes en gravure.

331 — Verre de Bohême gravé représentant une Ville forte et des Cavaliers (XVIIIe siècle).

332 — Petit Verre gravé représentant une Allégorie à Jean Stéen (XVIIIe siècle).

333 — Joli Verre de Bohême gravé avec couvercle offrant au pourtour des armoiries avec pied filigrané d'or et de rouge (XVIIe siècle).

334 — Grand Verre de Bohême gravé avec couvercle décoré d'un Parc et d'une Armoirie (XVIIe siècle).

335 — Canette en verre de Venise, filigrané de blanc montée en étain (XVIIe siècle).

336 — Petite Aiguière à côtes en verre de Venise, époque Louis XV.

337 — Verre de Venise à ailerons bleus (XVIIe siècle).

MARBRES

338 — Beau Groupe en marbre blanc, *la Promesse*, de A. G. LANZIROTTI. Monté sur socle en marbre rouge d'Ecosse.

339 — Petit Groupe en marbre blanc, sujet allégorique. époque Louis XVI.

340 — Bas-Relief sur marbre blanc, *le Sommeil de l'Amour* (XVIIe siècle).

341 — Statuette en marbre blanc, *Vénus*, époque Louis XVI.

342 — Deux Hauts-Reliefs sur marbre, bouquet de fleurs et grappe de raisin, cadres en bronze, époque Louis XVI.

BRONZES

D'ART ET D'AMEUBLEMENT

343 — Jolie Pendule en bronze doré formée de vase et de mascarons, époque Louis XVI.

344 — Deux petits Vases formant flambeaux en bronze doré, époque Louis XVI.

345 — Belle Pendule formée d'un groupe en marbre blanc, allégorie à *l'Éducation de l'Amour*, attribué à Falconet, époque Louis XVI.

346 — Deux Cassolettes en marbre blanc et bronze doré, époque Louis XVI.

347 — Joli petit Cartel en bronze doré de l'époque Louis XV.

348 — Paire d'Appliques à deux lumières, modèle à draperies en bronze doré, époque Louis XVI.

349 — Petit Groupe d'enfants en bronze sur socle en marbre griotte d'Italie.

350 — Statuette en bronze, *Baigneuse*, d'après ALLEGRAIN.

351 — Statuette en bronze, *Baigneuse*, d'après FALCONET.

352 — Belle Pendule en cuivre décorée de fleurs en vernis de Martin et richement ornée de bronzes, style Louis XV.

353 — Beau Groupe en bronze, patine argentée, *le Printemps de la Vie*, de LANZIROTTI. Haut. 0m85.

354 — Beau Trépied, support en bronze doré de CASIMIR.

355 — Lustre en bronze garni de cristaux, style Louis XVI, à vingt-quatre lumières.

356 — Deux Appliques en bronze garnies de cristaux, style Louis XVI, à quatre lumières.

357 — Belle Suspension en cuivre poli à douze bougies et avec lampe, style Renaissance.

358 — Paire de belles Lampes formées de Vases en émail cloisonné de la Chine, fond bleu turquoise avec fleurs et chauve-souris en couleur, monture en bronze noirci et frotté, style chinois.

359 — Joli Brûle-Parfums tripode, forme sphérique, en émail cloisonné de la Chine, fond rouge, décoré d'oiseaux et de fleurs.

360 — Jolie Garniture de cheminée en bronze doré et émail cloisonné de Barbedienne.

361 — Joli petit Lustre en bronze et émail cloisonné, style Campana, à six lumières.

362 — Paire de Vases avec couvercles en émail cloisonné de la Chine, fond vert et fleurs en couleur.

363 — Paire de Vases en émail cloisonné de la Chine, fond rouge, fleurs en couleur.

364 — Beau Lampadaire en cuivre poli, style Renaissance.

365 — Belle Pendule avec socle, console d'applique en vernis de Martin, fond vert à fleurs et animaux en couleur, ornée de rocaille et de volatiles en bronze, époque Louis XV.

366 — Jolie Coupe en émail cloisonné de la Chine, représentant une Chimère et des Oiseaux, monture en bronze noirci et frotté, dans le style chinois.

367 — Canard, formant cassolette, en bronze du Japon.

368 — Miroir japonais en bronze.

369 — Petit Brûle-Parfums en bronze du Japon.

370 — Petit Brûle-Parfums, forme fleur, en bronze du Japon.

371 — Vase en bronze nickelé et doré, avec figures d'enfants en bas-relief.

372 — Brûle-Parfums en bronze nickelé et doré, style gothique.

373 — Masque de Napoléon Ier en bronze.

374 — Presse-Papier, forme d'un cheval en bronze de *Mène*.

375 — Figurine en bronze, petit Paysan.

376 — Brûle-Parfums en bronze du Japon, supporté par des têtes d'éléphants.

377 — Glace de toilette montée sur chevalet, avec encadrement en bronze argenté, forme Louis XV.

378 — Deux petits Vases en bronze du Japon avec dragons en relief.

379 — Statue en bronze : Vénus de Milo, réduction de Sauvage.

380 — Deux Lampadaires en bronze.

381 — Colonne-Support montée en bronze.

382 — Paire de grands Vases en bronze du Japon, avec sujets se détachant en haut-relief.

383 — Paire de grands Vases en émail cloisonné du Japon ; décor polychrome.

384 — Coupe en émail cloisonné, montée en bronze fumé et frotté, style chinois.

385 — Paire de Vases forme à pans, en bronze du Japon.

386 — Jardinière en émail cloisonné de la Chine; décorée de grecques en couleurs, fond bleu turquoise.

387 — Deux Jardinières carrées en bronze du Japon.

388 — Deux Bonbonnières en émail cloisonné polychrome. Travail japonais.

389 — Garniture de cheminée en bronze, modèle guerriers du moyen-âge.

390 — Paire de Flambeaux en émail de Limoges à figures et rinceaux, style du XVIe siècle.

391 — Six Salières en émail de Limoges, même style.

392 — Glace à main, analogue.

393 — Plumier, même travail.

394 — Cachet, même travail.

395 — Coupe en émail peint. Travail russe.

MEUBLES

396 — Très-beau Meuble Louis XIII à deux corps, d'aspect monumental avec fronton et formant cabinet en bois noir et richement inscrusé d'ivoire.

397 — **Grande et belle Table rectangulaire Louis XIII**, en bois noir, incrusté d'ivoire avec sujets et ornements gravés.

398 — **Beau Meuble à trois tiroirs en vieux laque de la Chine**, richement burgauté, époque Louis XIV.

399 — Jolie Commode élevée sur pieds de forme cintrée en vieux laque de la Chine, ornée de bronze, époque Louis XV.

400 — Jolie Crédence en bois sculpté et rehaussé d'or par partie, exécutée d'après les dessins de DUCERCEAU,

401 — Beau Meuble de salon en bois sculpté à grands ornements et coquilles, couvert de tapisserie de Beauvais à petits personnages et animaux, composé d'un grand Canapé et quatre Fauteuils de l'époque Louis XIV.

402 — Grand Canapé en bois sculpté de l'époque Louis XV, couvert en tapisserie de Beauvais.

403 — Petit Fauteuil, couvert en soie, époque Louis XIV.

404 — Chaise longue en bois sculpté et doré, couverte en soie ancienne.

405 — Deux Fauteuils en bois sculpté, garnis de canne, époque Louis XIV.

406 — Meuble de salon en bois sculpté et doré, couvert en étoffe du temps de Louis XVI, composé d'un Canapé, deux Fauteuils et deux Chaises.

407 — Ecran en bois doré Louis XV.

408 — Jolie Glace d'entre-deux avec cadre à fronton en bois sculpté et doré, époque Louis XV.

409 — Glace d'entre-deux avec cadre en bois sculpté et doré, époque Louis XIV.

410 — Grand Miroir, cadre en bois sculpté et doré, époque Louis XIV.

411 — Deux Tabourets en bois doré, Louis XVI.

412 — Beau Meuble de salon chinois, composé de deux Canapés et six Fauteuils en bois de fer richement burgautés et garnis de marbres.

413 — Trois Tables-Supports en bois de fer et burgautés.

414 — Grand et bel Ecran en bois de fer sculpté avec soierie blanche richement brodée de paons et de fleurs en soie de diverses nuances. Travail chinois.

415 — Guéridon en bois de fer sculpté. Travail Chinois.

416 — Jolie Psyché en bois sculpté et doré.

417 — Petit Cabinet en bois noir, incrusté d'ivoire, garni d'argent, époque Louis XIII.

418 — Très-belle table en bois noir, cannelures de cuivre, richement ornée de bronze doré et dessus en mosaïque de Florence. Style Louis XVI.

419 — Beau Cabinet avec table en ébène sculpté et gravé, orné de peintures du XVIIe siècle.

420 — Joli Cabinet portugais avec table en bois sculpté orné d'appliques de serrure en cuivre découpé. Epoque Louis XIII.

421 — Joli Cabinet avec table en laque fond noir, décoré d'oiseaux et de fleurs en couleurs, rehaussé d'or. Epoque Louis XIV.

422 — Table en bois noir sculpté rehaussée d'or. Style Chinois.

423 — Jolie Vitrine à pans en noyer incrusté d'ivoire. Travail dit *Certosine*.

424 — Deux jolies petites Tables à étagères en acajou ornées de cuivre, dessus de marbre Louis XVI.

425 — Petite Table-Support en bois noir avec plaques en faïence décorées de sujets mythologiques.

426 — Belle Glace biseautée avec cadre en bois sculpté et doré, figures d'enfants, aigle et grands enroulements, Louis XIV.

427 — Deux Canapés capitonnés en étoffe de fantaisie à dessins rouges et verts sur fond noir.

428 — Six paires de Rideaux et Portières en étoffe de fantaisie, dessins rouges et jaunes sur fond noir, avec galeries en bois doré, style Louis XVI, garnies de lambrequins avec embrasses et passementeries.

429 — Chaise longue couverte en satin vert et en satin rose capitonné. — Deux Chaises basses en bambou doré, couvertes en satin vert et rose capitonné.

429 *bis* — Petit Tabouret en bambou noir et or couvert en broderie orientale.

430 — Bel Ameublement de salle à manger en bois noir sculpté relevé d'or, composé de : un grand buffet vitré à consoles, un autre buffet vitré moins grand et à consoles, une desserte, une table à allonges et six chaises couvertes en cuir rouge.

431 — Beau Lit de milieu en bois noir incrusté d'ivoire. Style Renaissance.

432 — Très-joli Meuble, forme crédence en bois d'ébène incrusté d'ivoire. Style Renaissance.

433 — Psyché en marqueterie de bois. Style Louis XIII.

434 — Belle Toilette en laque de Chine richement ornée de bronze doré, style Louis XV, dessus et tablette en marbre blanc.

435 — Bénitier en bois sculpté et doré, garni en argent. Epoque Louis XV.

436 — Lit en bois noir.

437 — Bibliothèque à trois portes en chêne sculpté garni de drap rouge à l'intérieur.

438 — Bureau de dame surmonté d'une armoire en marqueterie, orné de bronzes.

439 — Deux Jardinières en marqueterie ornées de bronzes.

440 — Beau Piano mi-queue en acajou moucheté, de *Henri Herz*.

441 — Petit Canapé en bois sculpté, couvert en tapisserie au point, époque Louis XIV.

442 — Fauteuil en bois sculpté, couvert en étoffe de soie rouge lamée d'or, époque Louis XIV.

443 — Petit Écran en bois doré, garni de tapisserie de Beauvais, époque Louis XVI.

444 — Petite Causeuse en bois sculpté, couverte en soie à fleurs, époque Louis XV.

445 — Glace avec encadrement en marqueterie de bois, époque Louis XIII.

446 — Deux Étagères d'encoignures en bois de rose marqueté, époque Louis XV.

447 — Petite Table en citronnier et marqueterie, époque Louis XVI.

448 — Commode en bois de rose et palissandre.

449 — Lit en bois de rose et palissandre.

450 — Douze Chaises couvertes en drap rouge.

TAPISSERIES

451 — Série de trois belles Tapisseries d'Aubusson représentant des sujets d'après Téniers. Avec leurs bordures.

La première mesure larg. 3m75, haut. 2m60.
La seconde — — 3m30, — 2m50.
La troisième — — 3m — 2m50.

452 — Deux grandes et belles Tapisseries représentant des paysages animés d'oiseaux. Avec leurs bordures.

453 — Panneau en tapisserie d'Aubusson, représentant une scène pastorale, d'ap. *Huet*. Avec bordure.

454 — Panneau en tapisserie d'Aubusson, pendant du précédent.

455 — Deux Panneaux en tapisserie des Gobelins, représentant des sujets de chasse et des paysages signés *Oudry*.

456 — Deux Tapisseries représentant des sujets mythologiques avec bordures, époque Louis XIV.

457 — Quatre Rideaux en soie noire, avec effilés dorés.

458 — Neuf Bandes de satin jaune broché, époque Louis XVI.

459 — Trois grandes Portières en damas rouge, époque Louis XIV.

460 — Deux Portières en tapisserie du XVIe siècle représentant des animaux fantastiques et des feuillages.

461 — Portrait de *Diderot* en tapisserie des Gobelins.

462 — Trois Panneaux en tapisserie, époque Renaissance.

463 — Couvre-Lit richement brodé aux couleurs nationales sur fond de soie.

TABLEAUX

AQUARELLES

ANDRÉ

464 — Le Repos du jardinier.

BEDEL (MAURICE)

465 — La Mare de Vélizy.

BONNINGTON

466 — Ville au bord du lac de Garde.

BOUDRINGHIEN

467 — Bacchante.

BUNCE (W.-G.)

468 — Environs de Venise (Marine).

A figuré à l'Exposition universelle de 1878.

CONSTABLE

469 — Paysage (Effet d'orage).

CONSTABLE

470 — Paysage avec cours d'eau.

COURBET

471 — Portrait d'enfant.

Étude faite au Musée de La Haye, d'après G. Flinck.

CROME (Le vieux)

472 — Maison rustique au bord d'une route.

CROME (Le jeune)

473 — Vue d'un canal en Hollande (Effet de lune).

DECAMPS (Attribué à)

474 — La Marchande d'œufs.

DIAZ

475 — Environs de Fontainebleau.

DIETRICY

476 — Réunion galante dans un parc.

DIETRICY

477 — La Danse villageoise.

FOURMOIS

478 — Les Pêcheurs à la ligne.

GREUZE (D'après)

479 — Portrait de dame en Diane.

GUILMORD

480 — Bains de mer de Saint-Valéry-en-Caux.

JACQUES (Ch.)

481 — Moutons au pâturage.

JACQUES (Ch.)

482 — Extérieur de ferme avec poules et moutons.

LAGUNA (1865), d'après Couture

483 — Scène de festin.

LANCRET (Genre de)

484 — Dames dans un paysage.

LEDOUX (Mlle)

485 — Portrait de jeune fille.

LEROUX

486 — Paysage de la Hollande arrosé par un canal.

MORELLI (E.), 1856

487 — Buste de femme.

Aquarelle.

NATOIRE (Attribué à)

488 — Le Triomphe de Vénus.

PILS (H.)

489 — Mulet.

Dessin rehaussé de blanc.

SAINTIN (JULES-ÉMILE)

490 — Premier Engagement.

A figuré au Salon de 1877 et à l'Exposition universelle de 1878.

SCHAL

491 — Dame en costume Louis XVI assise dans un parc.

TÉNIERS (Genre de)

492 — Paysage avec figures.

TROYON ?

493 — La Vache blanche.

TURNER

494 — Paysage avec chaumière.

VALIN

495 — Vénus couchée.

J. VERNET

496 — Vue prise en Calabre.

ÉCOLE ALLEMANDE (XVIIIe siècle)

497 — Portrait d'une duchesse de Nassau.

ÉCOLE ESPAGNOLE

498 — Saint-Jean.

ÉCOLE FRANÇAISE

499 — Portrait de femme à cheveux poudrés en costume du temps de Louis XVI.

ÉCOLE VÉNITIENNE

500 — Portrait d'une grande dame avec armoirie.

INCONNU

501 — Fontaine monumentale.

Dessin.

INCONNU

502 — Chiens.

Ves Renou, Maulde et Cock, imprs de la Compagnie des Commissaires-Priseurs,
rue de Rivoli, 144 4413

www.ingramcontent.com/pod-product-compliance
Ingram Content Group UK Ltd.
Pitfield, Milton Keynes, MK11 3LW, UK
UKHW031955260826
14628UKWH00005B/2066